RECIT
DE L'ARRIVEE
ET ENTREE
SOLENNELLE
DV SEIGNEVR
CHARLES GONZAGVE
DE CLEVES,

Duc de Neuers & de Rethel, Pair de France, Prince Souuerain d'Arques, Marquis de l'Isle, Comte de S. Manuldes, Gouuerneur & Lieutenant general pour sa Majesté tres-Chrestienne és Prouinces de Champaigne & Brie.

Faicte à Rome le 25. Nouembre 1608. & de la Caualcade de S. E. au Consistoire public & autres particularitez.

Discours Italien imprimé à Rome, chez Iaques Mascardi, traduit en François.

A LYON,
PAR CLAVDE LARIOT.
M. DC IX.
Auec permission des Superieurs.

A L'ILLVSTR.^me ET EXCELL.^me
SEIGNEVR D. ALEXANDRE
Conti Sforza:

Duc de Segni, Prince de Valmonton, Conte de S. Fiora, Marquis de Proceno, & Cheualier des deux Ordres de S. M. tres-Chrestienne.

Qui plus-tost que à V. E. deuoit estre dedié ce petit discours, icelle estant Cheualier de ce Roy lequel n'a son parangon au monde au faict des armes, & tres-affectionnée à celle belliqueuse nation, laquelle au iugemēt des mesmes Pontifes Romains, est appellée le mur inexpugnable de la saincte Eglise, & le Carquois enceint au flanc de IESVS-CHRIST, d'où il trie des fleches pour foudroyer les nations barbares & idolatres. Il estoit donc bien raisonnable que Rome feist des demonstrations extraordinaires d'allegresse, à la comparition d'vn si grand Prince, accompaigné de tant de signalez & qualifiez Seigneurs pour rendre l'obeissance deuë à ce sainct Siege tant de fois & auec tant d'ar-

ā 2

*mees & tant de sang espandu, maintenu & def-
fendu par leurs armes. Que V.E. doncques accepte
en si petit present la grande volonté du donateur,
& comme elle a esté vne noble partie de ce triomphe & gloire Françoyse, aussi d'vne generosité
respondante à son nom de S F O R C E, me daigne
faire part à sa faueur, me cherissant, & me te-
nant tousiours soubs sa protection.   De Rome le
dernier Nouembre 1608.*

De S. E. Illustriss.^{me}

Seruiteur tres-humble,
GEORGE PORTIO.

LE RECIT
DV TRIOMPHE
FAICT

A l'arriuee & entree de Monseigneur le Duc de Neuers, en la Ville de Rome, le 25. Nouembre 1608.

A main de Dieu n'eut pas plus-toft placé au fiege de S. Pierre, & de Vicaire des Papes faict deuenir Vicaire de Iefus-Chrift, & chef vifible de fon Eglife, le Treffainct Pontife P A V L V. Romain de patrie, auparauant appellé Camille, de l'ancienne & noble famille des Borguezi, que le bruit en fut efpars & la ioye vniuerfelle par toute la Chreftienté, chafcun conceuant efperance, que par vne fi noble & fi faincte Election, les foudres de guerre, qui de toutes parts menaçoyent la S.te Eglife, fe changeroyent en vne belle ferenité de Paix trefcalme, & que la Nacelle de S. Pierre gouuernée par vn Pilotte tant expert, ne craindroit les troubles, ou les tempeftes des ennemis de Iefus-Chrift, fi fouuent fufcitees & efmeües en cefte grand mer de la Chreftienté.

C'eft pourquoy les Princes Chreftiens, &

ſpecialement la Majeſté d'Henry quatrieſme, par
la grace de Dieu Roy de France , & de Nauarre,
entendant que S. B. auoit eſté eſleuë Souuerain
Pontife auec des ſignes particuliers de l'aſſiſtan-
ce du S. Eſprit , grande vnion , & reſioüiſſance
des Cardinaux , & de la cité de Rome , delibe-
ra pour ſe monſtrer vrayement tres-Chreſtien,
& fils aiſné de la S. Egliſe , le recognoiſtre
pour Pere & Paſteur, par Ambaſſadeur expres,
& ſe coniouir de ſi grande dignité à luy con-
ferée , luy faiſant offre de ſon Roiaume , & de ſa
perſonne meſme en armes pour la protection du
Bercail de Iesvs-Christ, & l'encourageant à
reſpondre à l'attente , que le Monde auoit deſia
conceue de ſes rares vertus,& mœurs ſingulieres.

Pour ſi noble Ambaſſade , apres meure con-
ſideration , fut choiſi par ſa Majeſté Tres Chre-
ſtienne le Seigneur D.Charles Gonzague de Cle-
ues Duc de Neuers , Prince qui pour la nobleſſe
de ſon extraction , generoſité de courage , & valeur aux armes ſe peut eſgaler à tout autre de la
France vray Seminaire des hommes belliqueux
& illuſtres. Et certainement , vn ſi ſignalé Ambaſſadeur n'eſtoit conuenable à autres , qu'à vn
ſi grand Pontife.

Son Excellence doncques ayant eſté licentiée
de la Court , & ayant faict voile à Marſeille à la
volte d'Italie,accompaignée de quatre de ces ga-
leres,& de grand ſuitte de François Seigneurs de
marque & grand qualité , fut royalement ren-
contrée par chemin, careſsée, & receüe à Genes,
& Sauone, au nom de celle Republique , auec
coups d'artillerie, ſalue d'arquebuſades,& Compagnies

pagnies armees comme soldats. Fut en oultre introduicte au Senat, & à ces fins luy fut allé au deuant par quatre Senateurs iusques au pied des degrez, & accueillie par le Duc mesme auec tous les honneurs & splendeurs qu'il estoit possible.

Arriuee par apres le Mardy 18. à Ciuità Vecchia, & saluëe par celle Citadelle de tires extraordinaires d'artillerie fut receüe par ceux que le Pape y auoit commis d'vn appareil vrayement royal, sa Saincteté ayant expressement commandé de n'auoir aucun esgard à la despense, ou espargne quelle que ce fust pour receuoir & loger conuenablement vn tel Prince.

Là quelques iours au parauant estoient venus pour salüer & faire la biē venue à S.E. le Seigneur Fabio Gonzaga, l'Agent de Mantouë, le Seigneur de Nauzet Abbé d'Homale, & le maistre de chambre de Monseigneur de Breues Ambassadeur residant en ceste Court pour sa Majesté Tres-chrestienne, auec bon nombre de carrousses de campaigne, lesquels furent gratieusement accueillis & bien veuz par le Duc, qui sur son despart voulut faire present de cent doubles, & d'vne chaine d'or de deux cens escus à chascun de ces Seigneurs qui l'auoient receu si splendidemét, mais ils ne fut par eux accepté, iaçoit que S. E. leur en feist maintesfois instance à la Françoise, & sans scrupule de façon courtizane.

De là s'estant transporté à Bracciano, fut logé auec beaucoup de splendeur au nom du S. D. Virginio Orsino, lequel pour n'estre à Rome, ne le peut receuoir en personne. Vindrent au deuāt d'icelle, Monseigneur de Breues en personne, le

Marquis

Marquis de Malatesta, l'Euesque d'Auranches, & monsieur de Marchemont, auec grand nombre d'autres Euesques, Prelats, & Barons François, & plusieurs autres de ceste Noblesse.

En suytte par chemin iusques sur les portes de Rome presque toute ceste Cité luy fut au deuant, & en particulier le Seigneur Duc Sforza, le Duc de Carpineto, le Marquis Palauicino, & le Seigneur Marc Antonio Victorio neueu de S.B. venu au nom d'icelle, pour saluer le Duc, qui les accueillit tous, & particulieremét ce dernier, auec courtoisie extraordinaire, s'estant descendu à pied pour les receuoir, & puis, les ayant faict entrer en sa propre carrousse pour les honorer.

Les Illustrissimes Cardinaux estans en ceste Ville de mesmes enuoyerent leurs maistres de Chambre, & plusieurs d'iceux leurs propres Neueux,& parens pour honorer l'entrée de S. E. & luy faire la bien venüe auec le compliment requis. Ce que aussi fit l'Illustrissime Borgueze, le Seigneur Ambassadeur d'Espaigne, les Excellentissimes freres de S. B. & tous les autres Ambassadeurs des Princes & grands Seigneurs de ceste Court. Si que le nombre des Cheualiers & gens de qualité estoit si grand, & tel le bruict des carrousses, flux & reflux du peuple, qui alloit & venoit par ces rues, que vous eussies dict, que la mesme Rome, arrachee de ses propres fondemants, s'estoit meüe par des signes extraordinaires d'allegresse, pour faire honneur à vn si grand hoste, & le receuoir suyuant son merite.

Mais noble vraiement, & magnifique sur toutes fut la bien venue,& rencontre faict à S.E.

par les Illustrissimes Cardinaux Gallo , Bouilac-
qua, Delfino , & Seraphino, en la carrosse duquel
ils allarent presque iusques à Pontemolle pour
receuoir le Duc , lequel de si loing qu'ils les ap-
perceut venir , descendant promptement en terre , leur vint au deuant , s'inclina , & les remer-
cia par des parolles efficaces , & signes amiables
de gratitude. Et apres briefs complements dicts
& repliquez d'vne part & d'autre ; ces Illustrissimes voulurent que S.E. auec Mons.r de Breues, le
Duc Sforza, le S.r Marc Antoine Victorio entras-
sent en leur carrosse, l'Illustrissime Serafin luy dô-
nant la mesme place qu'il auoit pour d'abondant
honorer la personne de S.E. en ceste premiere
entree , qui fut faicte ainsi que s'ensuit:

Vn trompette de S.E. alloit deuant : venoient
apres à cheual deux à deux vingt arquebuziers de
sa garde ordinaire, portans casacques de velours
iaune , auec les croix de toile d'argent à la poi-
ctrine, & aux manches , les chausses d'escarlatte,
auec des larges clinquants d'argent. Suyuoient de
mesme ordre douze pages aussi à cheual , & vne
trouppe de gentilshommes de la maison du Duc.
Finalement venoit S. E. au milieu de ces quatre
Illustrissimes superbement vestue, laquelle estoit
suyuie de fort grand nóbre de carrosses à six cheuaux, esquelles estoient les plus principaux Seigneurs qui estoient venuz à sa compagnie , &
presque toute ceste Noblesse Romaine, outre vne
infinité d'autres coches & carosses. Le peuple
estât accouru, & maints Cardinaux & Seigneurs,
pour voir S.E. si bien ce n'estoit encor qu'vne entrée priuée, & non cogneuë.

ē

Le Duc estant descendu au Palais de Monsr de Breues, à ces fins appareillé à la Royale, & apres auoir benignement & courtoisement remercié & accompaigné iusques à la porte les susdicts Illustrissimes, & plusieurs autres venuz pour se resioüir auec luy de son heureuse arriuee, il s'en alla incontinent auec Monsr de Breues, le Duc Sforza, le Duc de Carpinetto, l'Euesque d'Auranches, Monsr de Marchemôt, & le Seig.^r Abbé d'Homale, visiter sa Saincteté, qui les caressa extraordinairement, l'estreignant par plusieurs fois tendrement à son sein, & luy faisant tant, & de si signalez accueils & faueurs, qu'elle fit cognoistre clairement que la venue de ce Prince luy estoit grandement agreable, lequel de là fut visiter l'Illustrissime Borgueze, & les Excellentissimes freres de sa Saincteté, tous lesquels luy firent extraordinaires caresses & honneurs.

Son Excellence s'estant retirée à son logis s'occupa à receuoir priuément les visites de presque toute ceste Court, estant tous les iours splendidement festoyée de banquets auec les plus principaux de la Noblesse qu'estoit venuë de France en sa compagnie par Monsieur de Breues son hoste, cauallier vrayement né pour traicter affaires d'estat, & celebré pour deux Ambassades aux deux plus grands Potentats de la terre. Cependant s'apprestoiét les choses plus necessaires pour l'entrée solennelle de S. E. laquelle ensuyuit le Mardy 25. auec l'ordre cy apres dechifré.

Tous ceux de la Cité estoient desia accouruz & attroupelez à ce nouueau spectacle, les ruës remplies de carosses & de peuple, & les fenestres, &

lieux

lieux de veuë garniz de Princeſſes & de Dames, quand de la porte que l'on appelle Angelique, par où les Ambaſſadeurs de France, & de l'Empereur ont de couſtume faire leurs entrees ſolennelles, l'on vit arriuer ſoixante mulets chargez de diuerſes choſes, auec des tres-belles couuertes brodees de ſoye de diuerſes couleurs, parmy leſquelles eſtoient remarquees douze de velours cramoyſi d'vne admirable beauté, à cauſe de l'abõdance de l'or & de l'argẽt, varieté des couleurs, & richeſſe des broderies, chaſcune ayant les armoiries & deuiſes de S.E. auec leurs doubleures de velours ris cramoiſi, & franges d'or à l'entour. Les mulets en outre eſtans ferrez d'argent, auec les teſtieres, billes, & autres harnois auſſi d'argent, grands plumaches de diuerſes couleurs, meſmes au lieu de cordes, de fort riches cordons de ſoye cramoiſie. Par apres marchoient les deux Compagnies des cheuaux legers de la garde de ſa Beatitude, auec leurs cornettes & guidons à la teſte. Enſuyuoient les mulets des Illuſtriſſimes Seigneurs Cardinaux au nombre de 40. auec leurs houſſes de pourpre, & garnitures Pontificales, les eſtaffiers portant dernier les eſpaules les chapeaux rouges, ainſi qu'eſt de couſtume en telles ſolennitez.

De ſuyte cheuauchoient trois trompettes de S.E. reueſtus de caſacque de drap iaune, bandees d'vne large brodeure de ſoye noire & blanche, les chapeaux noirs doublez d'armeſin iaune, auec diuerſes plumes. Suyuoient les 20. arquebuziers du Duc, conduits par le Seigʳ de la Capelle leur Capitaine, derriere eſtoient les pages de Monſeigneur de Breues, auec la liurée accouſtumée

de velours verd, suiuis par ceux de S.E. vestuz de
chausses, casacqoes, & cappots de drap iaune,
auec des bandes larges de brodure de soye noire
& blanche, pourpoints de velours ras iaune, les
chapeaux noirs aussi doublez d'armesin iaune,
auec plumes de diuerses couleurs. Suyuoiét apres
les plus principaux courtisans des Illustrissimes
Cardinaux, & plusieurs gentils-hommes Romains vestuz noblement en nombre de deux
cens.

Tost apres comparurent deux à deux montez
sur des fort braues cheuaux en belle ordonnance
quatre vingts Gentils-hommes Françoys vestuz
vne partie de tres fin drap, l'autre de velours ris
canelé, garnis & chamarrez de clinquants d'or
larges, & espessemét serrez, auec chapeaux de ca-
stor de coleur naturelle, tres-belles plumes blanches, tres riches ioyaux de diamants, de grosses
chaines d'or au col, les espees dorees, les pendáts
brodez en canetille d'or & de perles. Lesquels
Seigneurs estoient sans manteaux, à la façon de
France, ce que faisoit vne monstre fort superbe,
sorte que Rome qui n'a de coustume de beaucoup admirer semblables nouueautez, estoit
toute estonnée de voir cela, se ramenteuant par
aduenture, que telle estoit la pompe de leurs an-
cestres quand ils triomphoient des nations plus
barbares & de leurs ennemis, dont ils auoient
rapporté la victoire.

Venoient derriere quarante des Barons d'icy,
& apres eux les Trópettes du Palais, & quatorze
Tabours du Senat Romain, auec leurs casacques
accoustumees de drap rouge. Suyuoit la famille
de sa

de sa Saincteté aussi habillée de rouge, en nombre de 60. Et apres cheuauchoient autres Barons
Romains des plus principaux, & puis quatre
gentils-hommes de la maison du Seig. Ambassadeur d'Espaigne bien habillez, derrier lesquels
venoient vingt Françoys des plus notables habillez de velours ris canelé couuerts de broderie & clinquants d'or, les chapeaux remplis de
ioyaux & enseignes auec des fort beaux pennaches blancs, & grand quantité de diamants, &
d'autres ioyaux, à sçauoir:

Le Conte de Tonnerre,	Le Baron de Verrepel,
Le Marquis de Renel,	Le Baron d'Aniry,
Le Conte de Vignory,	Le Visconte de Celles,
Le Marquis d'Ascerac,	Le Seigneur du Pont,
Le Seigneur de Monluc,	Le Seigneur d'Armentieres,
Le Visconte de Bordes,	Le Baron de Ragny,
Le Visconte de Tallar,	Le Baron de Mauissieres,
Le Visconte de Rabat,	Le Baron de Cornac,
Le Baron de Brissac,	Le Visconte de Morsseu,
Le Seigneur D'ocquaire,	Le Baron de Rugny.

Apres eux outre le Seigneur Fabio Gonzague,
& le Seigneur Marc Antoine Victorio, estoient
plusieurs Ducs, Marquis, & Contes, & presque
tous les Seigneurs de marque Romains: parmy
lesquels fit fort beau voir le Seigneur Duc Sforza,
auec vne belle enseigne de diamants au chap-
peau, & vn collier au col remply de pierreries de
grand prix, estant au reste vestu somptueusement
suyuant son ordinaire. Ensuyuoient apres les
Massiers du Palais auec leurs masses d'argent accoustumées, & derrier cheuauchoit l'Excellence
du Seig. Iean Baptiste Borguesi frere de sa Saincteté. Et apres luy venoient de costé les Suisses
de la garde du Pape, & au milieu marchoient

douze eſtaffiers de S. E. pareillement habillez de
drap iaune , auec leurs caſacques , manteaux &
chauſſes couuertes de bãdes larges & eſpeſſes de
broderie;de ſoye noire & blanche,pourpoints de
velours ras iaune,bas de chauſſes & iarretieres
de ſoye auſſi iaune , auec pennaches de diuerſes
couleurs,y eſtans auſſi ſix Suiſſes de S.E. habillez
encor de la meſme liurée,toutesfois à leur mode,
& ſans mantea u. Venoient de ſuyte deux Mores
veſtuz de deux riches iuppes de damas rouge chamarré d'or,les bonnets de peluche noire,doublez
d'autre rouge & des longues plumes blanches,
menans à main deux cheuaux de S. E. harnachez
de leurs ſelles en broderie d'or fort belles.

En apres, vn peu d'eſpace entre-deux , com-
paroiſſoit l'Excellence du Seigneur Duc au milieu du Patriarche de Hieruſalem, & de l'Archeu-
eſque S. Vital , ſur vn fort beau cheual auec ſes
fers,bride,eſtries & autres harnois d'or maſſif,ve-
ſtu d'vn habit de coleur de Roy tiſſu , & couuert
de groſſe canetille d'or , comme auſſi le pendant
d'eſpée,le ceincturon & chapeau tous en deuiſes
de diamants & autres ioyaux , auec vn fort beau
pennache d'aigrettes blanches , & ſans manteau.

Immediatement venoit Monſeigneur de Breues au milieu de deux Archeueſques,& ſuyuoient
derriere autres Eueſques & Prelats au nombre de
50. Son Excellence ayant eſté ſaluée de maints
coups d'artillerie,& auec beaucoup de concerts
& accords d'inſtruments harmonieux , & des
trompettes de la garde des Suiſſes à S. Pierre, &
du Chaſteau S. Ange au paſſer le pont d'Adrian,
voire

voire fauorisée en ceste action du ciel mefme;qui
s'eftant tout à coup rendu clair & serein,sembla
se refiouïr & prendre plaifir à l'apparoir d'vn tel
Prince,ayāt S.E.mōftré fa generofité & gentileffe
digne veritablemént de Prince , en faluant vn
chafcun,& faifant part à vn chafcun de celle Affabilité Frāçoife,qui eft la Calamithe,ou Aimant
attractif des cœurs Italiens,& des autres nations
bien nées,& gentiles. C'eft pourquoy elle fut ho-
norée & receüe auec acclamation & applaudiffe-
ment des Romains,ainfi que l'on faifoit iadis aux
Anciens Triomphants,& eftoient ouyes de toutes
parts les voix refonantes du peuple s'efcriant,
Viue France.

En ceste pompe l'Excellence du Duc cheuau-
cha iufques au palais de Rucellai, où eftoient les
deux portes principales fuperbement ornees de-
partout,voire iufques foubs le toit du couuert,de
grandes armoiries dorees de fa Sainĉteté , & du
Roy,& plus bas celles de l'vn , & de l'autre Am-
baffadeur,auec fi grande abondance d'or & de fe-
ftons,& de telle varieté de couleurs,& deuifes,s'y
voyant par tout florir les lis d'or , fi que auec rai-
fon , elles fembloient aux regardants des Arcs
triomphants. Le Palais au refte eftant orné &
meublé de tapifferies tres-riches , & des chofes
neceffaires à S.E. & aux fiens,tandis qu'il fera fe-
iour à Rome, fans que rien y defaille. En quoy la
diligence & induftrie du St. Abbé d'Homale eft
remarquable , ayant efté employé & eftably par
le Duc peu de iours au parauant.

Son Excellence finalement eftant defcendue
de cheual,& monté les degrez apres auoir remercié

cié d'vne grace, & courtoiſie, nõpareille tous ces
Qualifiez & Barons Romains, qui l'auoient accompaigné, il trouua autrefois en la Sale les ſus
mentionez quatre Illuſtriſſimes Cardinaux, qui de
nouueau eſtoient venuz viſiter & ſaluer S. E. auſ-
quels apres auoir benignement faict la ɾeuerẽ-
ce, & les auoir ſeruy à leur deſpart iuſques au
pied des degrez ſe retira en ſa chambre, les ſales
& chambres demeurás pleines de tant de Caual-
liers & Seigneurs auec tant de pennaches & aigrettes, tant d'or & tant de ioyaux qu'il ſembloit
bien que cela fuſt l'ancien Capitole, ou le nauire
fabuleux des Argonautes.

Les portieres eſtoient hauſſees, & toutes les
ſales, chambres & antichambres ouuertes pour
plus grande magnificence. Et ſi bien aux portes
eſtoient les arquebuziers du Duc, & leur Capitaine meſme, auec ſon baſton accouſtumé en main,
n'eſtoit neantmoins contredicte ou empeſchée la
veuë, le ſaluer & entrer, voire iuſques dans la
propre chambre de S. E. garnie de tapiſſerie, de
ſoye de grand valeur, & beauté, appartenant à S.
E. comme auſſi eſtoient le dais, ou chaire pour
s'aſſeoir, le lict, les eſcabeaux, & couuerture de la
table de chãbre de velours rouge chamarrez d'v-
ne broderie eſpeſſe & large de canetille d'or, deux
autres dais de brocatel treſbeaux, & la Creden-
ce miſe en la ſale, laquelle par la multitude,
grandeur, & ouurages des vaſes d'or & d'argent
que y eſtoient, faiſoit vne belle monſtre, pres d'i-
celle eſtát appareillée en vn quartier du logis vne
ſomptueuſe table auec vingt trois aſſiettes, &
toute choſe agencée auec tant de magnificence,
& ſplen

& splendeur, que l'on cognoissoit bien les Princes
François estre autretant de Roys, & que la France
en cecy auoit ramassé & mis ensemble ses plus
nobles grandeurs.

Venu puis apres que fut le ieudy matin, iour
destiné à la solemnelle ceremonie du Consistoire public, Son E. s'achemina vers S. Pierre, mar-
chant deuant luy toute la garde des cheuaux le-
giers de sa Saincteté. Apres lesquels venoient les
trois trompettes de S. E. auec les harquebuziers
ordinaires de cheual, & leur Capitaine noblement vestu ayant en la main vn gros baston d'e-
bene, des tresbelles plumes blāches au chapeau,
& vne riche chaine au col. Snyuoient quelques
vns des plus principaux de la maison du Duc au
nombre de 60.& derriere estoient les familles de
ces quatre Illustrissimes Cardinaux, apres lesquels cheuauchoient cent cinquante Gentils-
hommes François vestus de noir, auec des broderies & trapoinctes tres riches; ayant la plus
part d'eux des manteaux doublez de peluche,
chaines d'or, & chapeaux enioyalez, auec grands
boucquets de tresfines plumes blanches. Venoient en suyte les Seigneurs & Barons Romains au nombre de cent, auec des accoustrements de façon extraordinaire, & apres eux
estoient quatre Gentils-hommes de la maison du
S. Ambassadeur d'Espaigne. Suyuoiét les 20. qualifiez François, admirables & qui se faisoient re-
garder entre tous à cause de la richesse de leurs
accoustrements, multitudē denseignes, & bonne
grace de leurs plumes & penmaches.

Apres lesquels venoient plusieurs Ducs, Mar-

quis, & autres Qualifiez Romains , auec des habits, & houſſes tres riches. Entre leſquels le Seigneur Duc Sforze pour faire hóneur à S.E.& ſer-
uir ſa Majeſté Treschieſtienne,ſe voulut ſignaler
en ceſte tres-ſolennelle action par vne nouuelle
liurée & tres-noble habit.Il auoit quatorze eſtaffiers , & deux pages auec leurs capots de ſarge de
Florence noire , chamarré tout à l'entour de
feuillages de toile d'or & d'argent en broderie de
diuerſes coleurs,vn grand pam de large,auec des
tresbeaux paſſements d'or au bord de la broderie , pourpoincts de ſatin & chauſſes de velours
bleu,auec des collets de peau parfumez, d'Eſpai-
gne paſſementez d'or, les bas de ſoye, & iarretieres d'or bleu expres dorées , & chapeaux auec les
cordons des meſmes paſſements & broderie , &
grands bouquets de plumes blanches & bleües.

Au milieu d'iceux venoit le Seigneur Duc
Sforza ſes gregues à bas attachez , le collet de
ſenteur, le manteau de ſatin figuré de couleur
violette , doublé de toile d'argent , auec la croix
de l'Ordre fort riche , & quatre bandes larges à
l'entour de la broderie meſme,pourpoint de toile
d'argent , & chapeau noir ceinct d'vn cordon de
groſſes perles , & diamants , auec vn boucquet
d'aigrettes noires tresbeau , la houſſe de ſon cheual toute couuerte de groſſe broderie en canetille d'argent.

Venoit en apres le Seigneur Maurice Breſſius
Orateur du Roy, reueſtu d'vne longue robbe de
Senateur de velours noir , & derrier luy eſtoit
la garde des Suiſſes de ſa Sainⅽteté apres laquelle marchoient les deux Mores de S.E. me-
nants

nants deux cheuaux à la main auec deux fort belles houſſes ouurées en broderie d'or ſuyuiz par
douze eſtaffiers, douze pages, & ſix Suiſſes qui
eſtoient de S. E. auec leurs manteaux & chauſſes
de velours noir tout chamarré de larges & doubles bandes de velours rouge, couuert de groſſe
broderie de canetille d'or, pourpoints & doubleures des manteaux de ſatin cramoyſi, paſſe-
menté d'or, bas de chauſſes de ſoye, & jarretie-
res de cramoyſi, bónets de velours noir, auec des
cordons bandez de force paſſements d'or, &
grands bouquets de plumes noires,& iaunes, les
eſpées dorées auec les forreaux & pendants de
velours noir. Mais les pages au lieu des chauſſes
ſimples portoient des chauſſes entieres, c'eſt à
dire les bas attachez,auec decoupeures de la meſme broderie, doublees de ſatin cramoiſi, & aux
manteaux eſtoient attachees des longues manches de velours noir chamarrees à trauers de ſem-
blable broderie, les Suiſſes eſtans veſtus de celle
meſme liurée, mais en leur mode ordinaire. Venoit apres l'Excellence du Seigneur Duc au milieu d'entre le Sᶜ Iean Baptiſte Borgueſe, & l'Ar-
cheueſque de Zara auec chauſſes, collet, manteau,& houſſe de cheual de velours ris noir, tout
brodé & couuert de diuers feuillages & ouurages
de fort bonne grace, façon de grenades noires, &
petites marguerites,qui a eſté eſtime vn accou-
ſtrement tres-ſomptueux, non ſeulement pour le
grand prix & ouurage exquis qu'eſtoit en iceluy,
mais auſſi à cauſe qu'il repreſentoit certainé grã-
deur & majeſté. Soubs le manteau eſtoient ſept
brillants,vn bel enſeigne au chapeau, ioinct à vn

tres beau bouquet d'aigrettes,& autres enseignes
à son col à guise d'vn collier de grand prix, estans
tous ensemble de la valeur de plus de 150. mil
escus. Derriere S.E. cheuauchoit Monsr de Breues
entre deux Archeuesques, auec vne tres-grande
suite d'autres Euesques, Archeuesques & Prelats.

Arriuée doncques que fut S. E. à sainct Pierre,
saluee par chemin de frequentes cannonades du
chasteau S. Ange,& de la garde des Suisses, il mō-
ta auec les Seigneurs qui l'accompaignoient à la
grand sale des Roys, là où estoit desia le Pape
auec tout le sacré College,& le reste de la Court
pour le receuoir.

Sa Beatitude estoit assise en vn lieu haut & emi-
nent, auquel l'on montoit par des petits degrez
garnis de drap rouge sur vn Siege couuert de
brocatel d'or rouge, & dessoubs vn riche bas de
drap d'Arazzi de soye, & d'or auec les habits &
ornemens Pontificaux accoustumez.

L'Ambassadeur de Venise,estant assis droict de
sa Sainctete,& en vn eschelon plus bas, celuy de
Sauoye,& plus bas, les deux excellents Illustrissimes freres de sa Saincteté, & à ceste gauche les
plus nobles de la maison de sa Saincteté habillez
de rouge, auec maints Euesques & autres Prelats
qui ont de coustume assister au Pape en semblable
solennité Et puis à l'entour cōme en forme d'vn
tres noble theatre estoient assis les tres-Illustres
Cardinaux en lieux hauts & releuez, vestus de
pourpre, ainsi que de leur coustume.

Là S.E. ayant au prealable baisé les pieds de sa
Saincteté,de laquelle elle fut embrassée & receuë
d'affection paternelle, & presenté ses lettres de
croyance

croyance, il presta au nom de sa Magesté Tres-Chrestienne l'obeissance deüe au Siege Apostolic, & à S. B. Et fut recitée vne docte & elegante oraison par le susdit Seigneur Maurice Bressius, auquel fut respondu par monsieur Strozzi Secretaire des lettres latines de S. S. ce que finy, S. E. retourna baiser les pieds de S. S. & de mesme en feirent tous les Seigneurs Qualifiez & les Gentils-hommes venus auec elle de France. Madame de Breues,& madame la Duchesse Sforce accompagnees de beaucoup d'autres dames de la Court estant demeuré à veoir le tout sur vn eschafaut fait expres. La ceremonie paracheuée, & le Sacré College cõgedié, sa Saincteté retint à disner l'vn & l'autre Ambassadeur, les tables estans dressees & disposees comme sera dit.

Sa Saincteté estoit soubs vn fort beau dais de damas rouge passementé d'or, dont tout le logis estoit paré, vestue de blāc, & seule à vne petite table, & à main gauche de sa Saincteté estoit vne autre petite table si bien vn peu plus bas, au milieu de la mesme chambre estoit vn autre petite table, où estoient assis S. E. & Monsieur de Breues. Et si bien durant le disner, qui fut à la verité exquis, l'on entendoit diuers concerts d'Instrumens & de Musique chanté par les chantres du Pape, en vne chambre proche de là. Sa Saincteté, ayant fait demonstration extraordinaire de son affection par des signes de courtoysie presentez à l'vn & à l'autre d'iceux.

Les tables leuees & sa Saincteté s'estant faict approcher, & seoir pres ces Seigneurs, s'entretint presque vn heure en propos familier auec eux de

diuerſes choſes, auec tant d'affabilité & douceur
qu'ils en reſtarent grandement ſatisfaicts. Comme tres-ſatisfaicte & contente eſt reſteé toute ceſte Cité, & les gens de marque, des honneurs &
bons accueils receuz du Duc, ia ſoit que pour la
diuerſité des ceremonies & compliments, & diuerſité des qualitez & precedences, bien ſouuent
ſoit neceſſaire le filet ou cordeau d'Ariadne à qui
traicte en ceſte Court.

Reſteroit à deſcrire les liurees des laquais, Pages, & Eſtaffiers des Seigneurs François, leſquelles ſe paſſent pour briefueté. Baſte ſeulement
pour le contentement du lecteur, dire cecy, Qu'il
n'y a eu gentil-homme qui n'en euſt deux ou
trois, & pluſieurs quatre & ſix noblement veſtus
pour la diuerſité des brodeures, & coleurs, bien
que en ce triomphe tres-ſolennel entre gentils-
hommes & qualifiez ſe ſoyent veuz plus de quatre cens.

Il faut donc conclurre que la Magnificence de
la maiſon & deſpenſe de ce Prince eſt ſi grande,
telle la richeſſe & valeur des tapiſſeries, accou-
ſtrements, argenteries, & ioyaux: ſi grande la multitude & qualité des Gentil-hommes qui le ſer-
uent, outre les gardes des Suiſſes & arquebuziers, les Capitaines, les Muſiques des Inſtruments & des voix, & des officiers doubles, à l'i-
mitation & reſſemblance du Roy, que l'on co-
gnoit clairement que la France a auſſi ſes Ceſars,
Craſſes, & Luculles: Et que S. E. eſt vrayement digne Ambaſſadeur d'HENRY.

F I N.

PERMISSION.

IL *est permis à Claude Larjot maistre Im-*
primeur de ceste ville de Lyon, d'impri-
mer le recit de l'arriuee, & entree de Mon-
seigneur le Duc de Neuers, faicte à Ro-
me le vintcinquiesme Nouembre, mil six cẽs
& huict: & deffenses à tous autres Imp,i-
meurs de ceste Ville, de ne les imprimer, aux
peines portées & accoustumées. Faict le cin-
quiesme Ianuier, mil six cens & neuf.

DE VILLARS.

mal-heureuſe himenee qui ne m'ont ſeu retenir pour ne naiſtre plein d'imperfidie, laquelle ie confeſſe dés à preſent auoir miſerablement conjuree contre vous & voz Eſtats, demandant pardon à V. A.

Donques Monſeigneur, ſçachant tres-bien que la clemẽce à touſiours honoré les victoires de voſtre eſpee, & comme deſireux de rendre ſignalé & memorable voſtre bonté par vne ſeule grace digne de vos grandeurs, donnez s'il vous plaiſt la vie à vn qui ſe rend coulpable, à qui la naiſſance de la fortune auoit promis vne plus belle mort. Ie diray mon Seigneur que dans voz combats & batailles i'ay aprins à combatre, & ſuis à preſent digne de porter le nom de Capitaine, ſauf la faute que i'ay faicte, pour reparation d'icelle don-

nés moy pouuoir d'aller contre les
Barbares, & qu'encor vnefois le Ro-
yaume de Chipre tourne à voftre
Eftat, que voz enfans puiffiont dire
que i'aye remiffion de mes delicts à
l'aquifitió de ce tres opulent Royau-
me, iuftement leur apartenant. Et
qu'à l'auenir la memoire demeuré
eftoufee des fautes par moy commi-
fes, faicte le donc Monfeigneur, ne
regardez pas tant à la conféquence
de ce pardon, qu'à la gloire d'auoir
peu & vouloir pardonner vn crime
puniffable. Ie diray auec la verité que
les fataniques, & maudittes auarice,
& ambition, m'ont forcez auec l'Ef-
pagnol, me pouffant en ce caribde
m'ont fait tres-bucher dans ce labe-
rinte. Ie diray qu'il & impoffible que
ce crime fut arriué à vn autre, parce
que l'enuie m'en voudroit en ce fait,

& nul

& nul de voz ſubjet ne pouuoit eſtre
attaquez que moy : parce que les
grādeurs où vous m'auiez eſleué me
faiſoit paroiſtre par dedans voz ſub-
jets, & me rendoit enuieux aux eſtrā-
gers : tellement que comme le foudre de Iupiter ne tumbe que ſur les
hautes tours & lieux eminents : ainſi
ce foudre de mauuaiſe conſpiration,
c'eſt pluſtoſt adreſſé à moy qu'à vn
autre, par les pernicieux & mal-heu-
reux artiffices de ceux qui aymoient
mieux ma ruïne que ma grandeur.
Ces raiſons vous eſmeuuent Monſeigneur, pardōnez à voſtre creature, &
luy ordonné tel exil qu'il vous plaira,
& vous m'obligerez prier pour voſtre ſanté & proſperité, demeurant à
V. A.

    Voſtre ſeruiteur,

D'ALBINY.

CESTE Missiue en requeste pre-
sentee à S. A. par le President
Rochette. Le Duc fit ceste responce
present les principaux Seigneurs de
sa Cour.

Vous sçauez messieurs, cóme i'ay
esleué le sieur d'Albiny l'ayant tirez
des mains de ces ennemis, & de ban-
ny le faire libre, espousant libremét
sa querelle, l'ayant mis au dessus de
la roüe de fortune:neantmoins vous
voyez les conspiratiós qu'il a faictes
contre moy,les entreprinses sus mes
Estats , & encor il suplie pour estre
deliuré : i'ay esté tousiours miseri-
cordieux, ie vous prie de n'intenter
contre luy,& comme moy luy vsé de
misericorde.

Bien que ce discours fusse raporté
au sieur d'Albiny,neantmoins,ou de
regrets , ou autrement , il mourut le

18. Ianuier 1608. son corps fut inhumé au grand regrets de ces seruiteurs
bien que plusieurs fissent estat de ce
qu'il estoit passé en ceste sorte, & fut
son corps inhumé honnorablement
& on fit cest Epitaphe sus sa tombe.

D'Albiny miracle de fortune,
La France alloit deceuant,
La Sauoye le mit en auant:
Puis en fin fina sa fortune.